Julio Zelaya, PhD
Silvia Arce, PhD
Beatriz García, PhD

ATRAER Y RETENER CLIENTES;
GUÍA RÁPIDA DE APLICACIÓN DE
LA TRAVESÍA: EL PODER DE EMPRENDER.
Guatemala, Centroamérica, 2023.

44 p: 23 cm.

1. El abecedario para Atraer y Retener Clientes.
2. Lo que los Clientes Odian.

Edición 2023

ISBN 9798391571322
Diseño y diagramación: YCREA

Fotografía de Portada
© Isabel Poulin I Dreamstime.com

ATRAER Y RETENER CLIENTES

GUÍA RÁPIDA DE APLICACIÓN DE
LA TRAVESÍA: EL PODER DE EMPRENDER

¿Cuál es su propósito?, ¿Qué le apasiona?, ¿Cuáles son sus habilidades?, ¿Qué beneficios le traerá? Tiene la oportunidad de escribirlo a continuación.

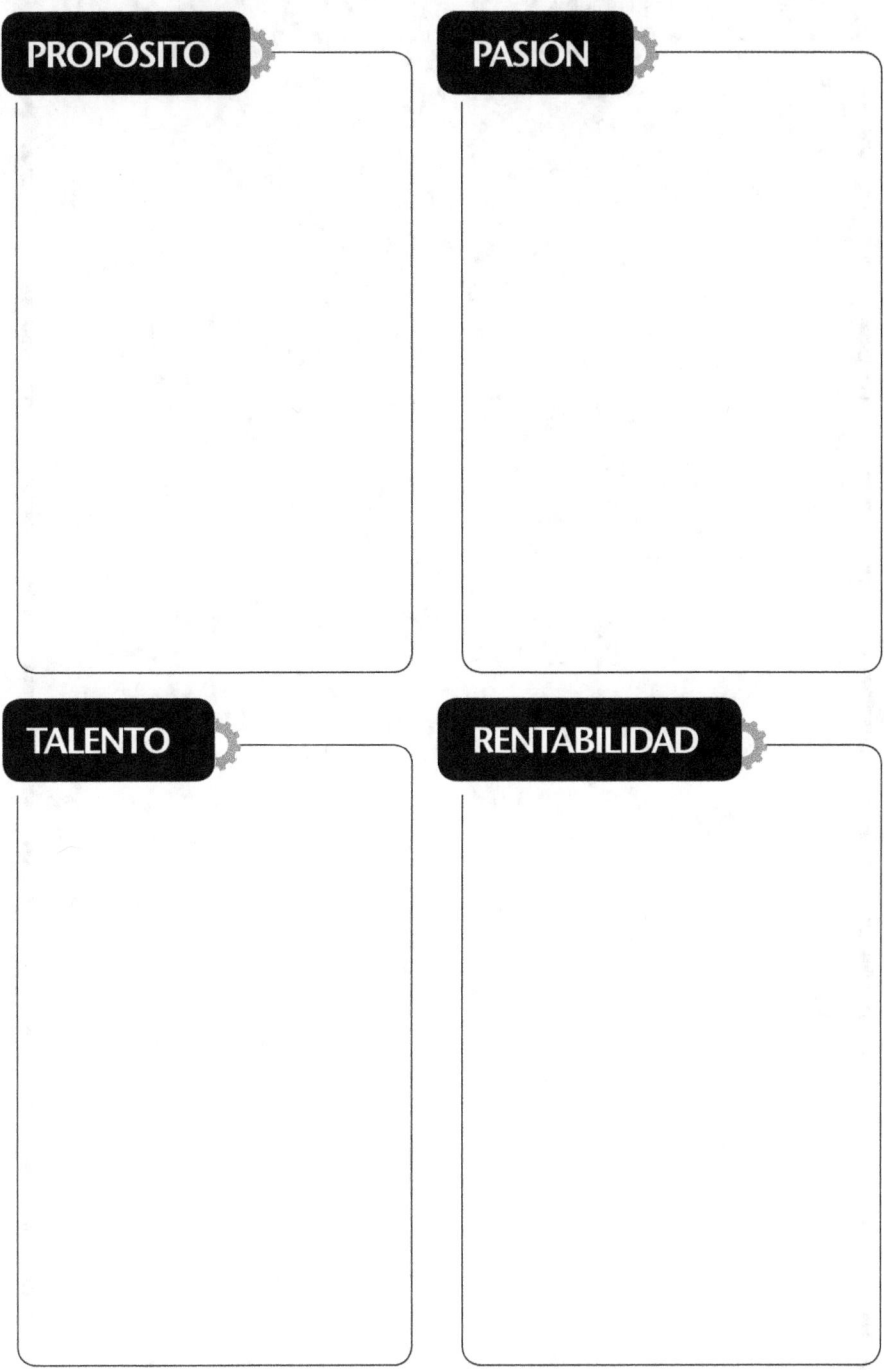

PROPÓSITO

PASIÓN

TALENTO

RENTABILIDAD

Mis prioridades de Desarrollo

En el siguiente espacio puede listar las actividades que debe desarrollar para alcanzar su objetivo.

Zona de Aprendizaje

Utilice estos apartados para escribir sus nuevos aprendizajes.

Zona de Acción → DEL SUEÑO A LA REALIDAD

Escriba su sueño y luego identifique qué actividades realizará para alcanzarlo.

¿Cómo atraer y retener a sus clientes?

✓ <u>Ofrezca el</u> producto adecuado

✓ <u>A la persona</u> indicada

✓ <u>En el momento oportuno</u>

✓ <u>Al precio correcto</u>

✓ <u>Y con un servicio excelente</u>

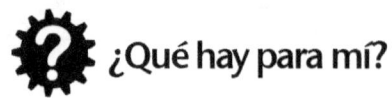

¿Qué hay para mí?

No importa cuán pequeño es un negocio. La prioridad siempre es atraer nuevos clientes y retener a los que ya se tienen. No obstante, mucho del esfuerzo del marketing (mercadeo) se invierte en atraer nuevos clientes lo que los puede llevar a tal desgaste que descuidan la calidad del servicio. Otros, por el contrario, dejan de invertir en marketing cuando consideran que ya tienen una cantidad razonable de clientes; ambos son errores fatales.

Kotler, Cámara, Grande y Cruz afirman que es cinco veces más caro atraer a un cliente nuevo que retener a otro; al crear un flujo permanente de clientes nuevos y retener a los que ya se tienen, el éxito está casi garantizado. Atraer más clientes no necesariamente genera la misma cantidad de negocios; incluso, administrar una cartera gigantesca puede superar las ganancias marginales de muchos de esos clientes.

Por lo tanto, es mejor vender tres unidades a un mismo cliente que una unidad a tres clientes distintos (mejor vender mucho a pocos, que poco a muchos).

Por otra parte, se cree que mejorar en un 5% la tasa de retención de clientes, es 60% más rentable que reducir los costos de operación en un 10%.

Por lo tanto, sus estrategias deben enfocarse en lograr que:

> Sus clientes actuales regresen a su negocio (el cliente que regresa generalmente gasta el doble de lo que gasta un cliente que compra por primera vez.
>
> Más clientes nuevos visiten su negocio.
>
> Sus clientes gasten más en cada visita.

En una investigación se encuestó a cerca de 2,000 personas para indagar por qué ya no compraban donde solían hacerlo. Los resultados mostraron que:

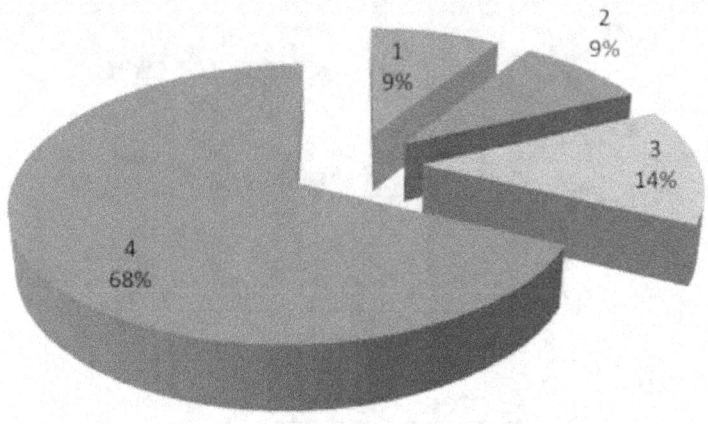

- 1 (encontró un competidor que les gustó más).
- 2 (cambió de residencia).
- 3 (no resolvieron sus quejas).
- 4 (se habían olvidado de la tienda).

Si analiza esa información detalladamente se dará cuenta que el 68% de clientes se perdieron por la falta de interés de la tienda en retenerlos. En el mundo globalizado de hoy, existen muchas opciones para cada sector del mercado, el cliente está mejor informado y es más difícil lograr la lealtad de los clientes. Incluso los programas de retención de clientes que se basan en puntos o descuentos dejaron de ser valiosos porque muchos proveedores ofrecen algo similar (aún así resentimos cuando un programa, como el Prefiero, desaparece).

La Tarjeta "Prefiero"

Cuando se comenzó a ofrecer la tarjeta Prefiero, muchas personas se entusiasmaron a tal punto que preferían comprar en las tiendas afiliadas y pagar sus compras con la tarjeta de crédito que la promocionaba (un amigo mío canjeó, en un año, sus puntos por 80,000 millas con una línea aérea).. Durante los días previos al "vencimiento de puntos" (los puntos que se acumulaban podían gastarse únicamente dentro del siguiente año) las colas para el canje eran largas. De pronto, anunciaron que iba a dejar de utilizarse. Desde entonces, seguramente, como yo, muchas personas dejaron de comprar en las tiendas afiliadas.

Recuerde que para que un cliente repita su compra se debe:

 **Ofrezca el producto adecuado**

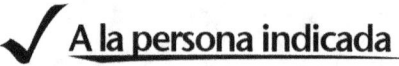 **A la persona indicada**

 **En el momento oportuno**

 **Al precio correcto**

 **Y con un servicio excelente**

¿Cuál es el Objetivo del Curso?

Desarrollar estrategias para atraer nuevos clientes, retener a los que ya tiene y lograr que, en cada visita, ambos le compren más.

CONTENIDO

El Abcedario (casi completo) para atraer y retener a sus clientes.

Lo que los clientes odian.

 **Autoevaluación**

1. ¿En qué se Parecen Apple, Abercrombie & Fitch y otras empresas como NBA, Reebok y Lego?

La respuesta es simple: constantemente buscan la diferenciación y el crecimiento sostenido mediante la implementación de lo que llaman "experiencia de marca" o "Brand experience" que ya no se enfoca en la relación producto-cliente o producto-céntrica sino en una cultura cliente céntrica que busca la experiencia holística del cliente. De acuerdo con Miguel Correa, "es el paso de una cultura transaccional a otra relacional/emocional que tiene que ver, incluso, con la manera en que se empaca un producto o servicio".

En el caso de Apple, agrega Correa, la experiencia holística la compone el entorno, los productos y los representantes, que son un equipo altamente capacitado "el Genius", que en forma amigable, guía al cliente en los vericuetos técnicos de instalaciones, aplicaciones y funcionalidades de la gama de productos ofertados.
En Abercrombie & Fitch, una tienda de ropa juvenil "desde la recepción, pasando por la atención, el pago y el empaque, el cliente vive y vibra con exhibiciones hollywoodenses; atractivos hombres y mujeres bailando seductivamente al ritmo de música lúdica cargada en decibeles"

De acuerdo con el experto, son tres los objetivos comerciales detrás de una experiencia memorable: aumentar las compras, alargar el ciclo de vida o la retención del cliente y generar un boca a boca viral que apoye la marca y genere nuevos clientes.

¿Qué podría usted hacer para pasar de una cultura producto-céntrica a una cliente-céntrica?

El abandono

es una de las amenazas más temidas por las empresas. Su principal motivo es la insatisfacción del cliente debido a una atención deficiente. La calidad en la atención al cliente se ha convertido en el aspecto clave para que las empresas consigan retener y fidelizar este principal activo.

(F&B, 132, septiembre 2008)

Estas son algunas de las principales formas de atraer nuevos clientes a un negocio en marcha:

A PLIQUE ENCUESTAS DE SATISFACCIÓN

Hágale saber que su opinión es importante. Para ello, pídale que le responda encuestas de satisfacción u opinión sobre el servicio. Sin embargo, asegúrese que cuando responda negativamente, alguien de su empresa lo contacte para preguntar qué pasó; sólo así le hará sentir que realmente le importa lo que piensa. En un Banco instalaron un sistema digital para evaluar el servicio que recibió; casi con seguridad los clientes que lo marcan lo hacen sólo para responder a la invitación del cajero. Mejor cree un blog para recibir los comentarios y sugerencias de sus clientes. Si está pensando lanzar un nuevo producto o servicio, investigue qué piensan los clientes potenciales acerca de productos o servicios similares.

B USQUE QUE LO TENGAN PRESENTE

Manténgase en comunicación con sus clientes; puede enviarle un e-mail de agradecimiento por su compra o felicitaciones por su cumpleaños o navidad (hacerlo por vía electrónica, no cuesta mucho) o, simplemente, coloque una tarjeta o volante de su negocio en la bolsa de compra.

C UMPLA CON LO QUE PROMETE

No hay nada más decepcionante para un cliente que encontrar que lo engañaron o, peor aún, que fue estafado. Sea como sea, cumpla con sus clientes: entregue todo lo que ofreció, al precio que lo ofreció, con la calidad ofrecida y ¡por favor! en el plazo ofrecido. Aunque llame para explicarle al cliente que tuvo un contratiempo y que no puede entregarlo en el término fijado, seguramente se enojará; de todas formas, comuníquese con él para explicarle lo sucedido y tratar de ganar su empatía. Justo cuando trabajaba en este módulo, por segunda vez, un vendedor que debía visitarme para probar un modem para mi computadora me quedó mal; todavía intentó ver si le daba una tercera oportunidad pero, naturalmente, ni le dejé terminar la frase.

DEDIQUE TIEMPO PARA CONOCER LO QUE PIENSAN ACERCA DEL PRODUCTO O SERVICIO QUE ADQUIRIÓ

El cliente sentirá que realmente le importa si alguien de su empresa se toma el tiempo para llamarlo y preguntarle si está satisfecho con lo que se le dio y si no ha tenido problemas. Pero ¡por favor! hágale sentir que realmente le interesa saber muchas veces los empleados que realizan esa tarea suenan como si sólo están cumpliendo con la labor que se les encomendó pero realmente no les importa.

EMBELLEZCA Y HAGA CÓMODO SU NEGOCIO

La mayoría de los clientes se sienten más interesados en visitar un negocio limpio y atractivo que uno sucio y poco atractivo. Mantenga impecable su fachada, asegúrese que tiene una buena iluminación, cuide la decoración de la vitrina, mantenga a la vista sus promociones; la mayoría de tiendas no tienen sillas para que los acompañantes se sienten ¿por qué? (si cree que no es una buena idea porque entonces los clientes no transitan y no revisan la mercadería, le diré que tampoco es una buena idea que el cliente tenga que salir rápidamente porque el acompañante fue a buscar en dónde sentarse). Además, mantenga visible su marca y mantenga limpio el local y la mercadería que ofrece. Recuerde que mala experiencia ha tenido usted cuando toma de un estante una bolsa de frijoles, por ejemplo, y el polvo le queda en las manos.

FORME ALIANZAS

En general, invertimos mucho esfuerzo en cuidar a nuestros clientes; sin embargo, nos esforzamos tanto que evitamos formar alianzas con otras empresas que no compiten con nosotros. Forme alianzas que puedan hacer más atractiva la compra al cliente. Por ejemplo, si en el negocio que está a la par suya, le entregan un cupón para gastárselo en su negocio, seguramente entrará y gastará más de lo que vale el cupón.

GARANTICE LA CALIDAD QUE OFRECE

Muchas veces el cliente prefiere pagar un poco más caro por un producto si sabe que éste tiene garantía y, si usted la ofreció, debe hacer todo lo que está en sus manos para reponer el producto si éste no satisface al cliente. Por ejemplo, hace algunos meses tuve que solicitar que me revisaran un aparato eléctrico que recién había adquirido. Tenía la factura, la garantía y el aparato pero...no tenía su caja. Finalmente me lo cambiaron pero no estoy segura de querer regresar a esa tienda. Recuerde que, junto con la calidad del producto, debe entregarse la calidad del servicio.

HAGA O INCREMENTE LA PUBLICIDAD

Cuando se piensa en publicidad se piensa en costos altísimos que sólo pueden pagar las grandes empresas; sin embargo, hoy en día es posible utilizar formas alternativas como publicar anuncios por internet, enviar boletines electrónicos, entregar volantes, colocar afiches, etc. El marketing no requiere grandes inversiones de dinero, pero sí de mucho ingenio; contactar a la prensa para que publique, como noticia, algo sobre su negocio es una forma gratuita e ingeniosa de promocionar su negocio. También puede hacer investigaciones de mercado y publicarlas (parecerá todo un experto). Naturalmente que esto implica conocer a su mercado objetivo. Si le interesa anunciarse vía internet, contacte a Microsoft List Builder.

IMPLEMENTE O AUMENTE LAS PROMOCIONES

La mayoría de los clientes prefieren ahorrarse un poco de dinero en cada compra; por lo tanto, si saben que en su negocio encontrarán ofertas o se les darán cupones de descuentos o podrán participar en una rifa, se sentirán atraídos. Sin embargo, no las mantenga en secreto; promociónelas.

JUZGUE QUIÉNES SON SUS CLIENTES Y SUS COMPETIDORES POTENCIALES

Investigue su mercado; mantenga actualizada una base de datos de sus clientes; los que han estado inactivos son más fáciles de atraer. Segmente su mercado; una forma fácil de hacerlo es: a) por características demográficas (edad, género, ingresos, ocupación), b) por características geográficas (lugar de residencia, área urbana o rural) y c) estilo de vida (clase social por ejemplo). Esas tres variables las puede clasificar, a su vez, en a) categoría de usuario: usuario, no usuario, b) índice de uso: bajo, mediano, alto, c) beneficios buscados: orientado hacia el rendimiento u orientado hacia el precio, d) lealtad: ninguna, baja, media, alta, total, e) actitud hacia el producto o servicio: baja, media, alta. Vuélvase un experto en determinar sus necesidades; sólo así podrá ofrecerles lo que necesitan.

En lo que respecta a los competidores, revise regularmente quiénes se promocionan en las publicaciones escritas o electrónicas de su país y procure asistir a las ferias de productos; esto puede ayudarle a identificar nuevos mercados.

LOGRE LA FIDELIDAD DE SUS CLIENTES

Cada vez más, el cliente exige más y prefiere las empresas que le ofrecen una relación de confianza, empresas que lo escuchan y que consideren importante su opinión. Recuerde que es más barato mantener la fidelidad de los clientes (retenerlos) que conseguir clientes nuevos (adquirirlos). Una buena estrategia para lograr esa fidelidad es conociéndolos y haciendo todo lo que esté a su alcance para satisfacer sus necesidades. ¿De qué sirve atraer 100 clientes nuevos si 90 no volverán a comprar? Por ello, se dice: "mejorar continuamente la atención al cliente como medio para lograr su fidelización no es un asunto de querer o no querer, de hacer algo esporádicamente para "agradar" a los clientes... se trata, en realidad de un imperativo ineludible para toda empresa, grande o pequeña, que pretenda seguir progresando y avanzando en los mercados altamente competitivos de hoy en día". Recuerde que la necesidad de pertenencia es parte de la pirámide de motivación de Maslow.

MEJORE LA PUBLICIDAD

Cerciórese que la publicidad que está utilizando es atractiva, persuasiva y efectiva y que está llegando a su público objetivo; en todos los casos, el mensaje debe estar contextualizado a la cultura de su público y debe ser constante; muchos negocios hacen una fuerte publicidad en un momento y luego la abandonan.

NO HAGA QUE EL CLIENTE DESCONFÍE DE USTED

Usted debe ganarse la fidelidad de sus clientes y la mejor manera es crear confianza en ellos; si ellos saben que pueden confiar en usted y en los productos o servicios que ofrece, es casi seguro que no buscará en otra parte.

OFERTE, OFERTE Y OFERTE

Ofértele nuevos productos o promociones; manténgalo informado del lanzamiento de nuevos productos o servicios de su interés. Sin embargo, no sacrifique los precios; los clientes perciben más valor cuando se le ofrece un bono o un servicio extra que si cuando se le ofrecen descuentos. Una amiga mía expresó cuando un vendedor le dijo "sólo por ser usted", ¿por qué por ser yo? ¿Acaso me conoce?

PONGASE EN LOS ZAPATOS DE SU CLIENTE

¿Ese es el precio que usted pagaría por un producto similar? ¿Tiene la calidad que está ofreciendo? ¿La tienda u oficina es agradable?

QUEDE BIEN CON SUS CLIENTES

Su negocio existe gracias a sus clientes; si ellos lo abandonan, su negocio lo abandonará a usted. Busque todas las estrategias que permitan tenerlos satisfechos. Recuerde que es el cliente quien juzga la calidad del servicio y que es necesario reducir la brecha entre las expectativas del cliente y el servicio que se ofrece.

Garantice, entre otros, atención inmediata, trato cortés, receptividad a sus preguntas, prontitud de su respuesta, eficiencia en el servicio, atención y solución a los reclamos; sea agradecido. El servicio es intangible y se muestra junto con la entrega; los primeros 30 segundos son cruciales. El cliente no depende de usted; usted depende de él.

RESUELVA LOS CONFLICTOS INMEDIATAMENTE

Usted no sabe las razones por las que un cliente adquirió un producto o servicio por lo que si no está conforme con lo que recibió, usted debe resolvérselo a la mayor brevedad posible.

En cierta ocasión, uno de los vidrios de mi vehículo se rompió y la agencia no tenía nuevos. ¿Qué hicieron? Mientras entraba su nuevo pedido, me pusieron el vidrio de un vehículo que estaban reparando. ¡Eso sí es servicio al cliente!

SEA VISIBLE

Visibilice su empresa utilizando las redes sociales como Facebook y Twiter.

TRABAJE PARA QUE SUS CLIENTES RECOMIENDEN SU NEGOCIO

Una de las formas más efectivas para ampliar su cartera de clientes, es lograr que sus clientes actuales lo recomienden; un cliente insatisfecho, en promedio, hablará mal de su negocio con 9 a 20 personas. Para aumentar las probabilidades de que lo refieran, utilice distintas estrategias como otorgar cupones de descuento por cada cliente referido, abonar una cantidad de dinero a su próxima compra u otorgarle algún descuento o un servicio gratis. Una excelente promoción sería: "Gana al recomendar a tus amigos". Muchas empresas, como las tarjetas de crédito, utilizan esta estrategia y dan un beneficio por cada cliente recomendado.

UNA FUERZAS CON SUS EMPLEADOS

Sus empleados son sus mejores aliados; ellos están en la "línea de fuego" por lo que son quienes conocen a sus clientes; organice reuniones frecuentes para revisar todos aquéllos aspectos de atención y servicio al cliente. Pero, recuerde invitarlos a todos (yo ya no regresé a un Banco en donde, por hablar por teléfono – que sé que es prohibido, el guardia me tocó el brazo). Si todos están alineados con la estrategia, van a trabajar para que los clientes se sientan cómodos.

VERIFIQUE LA FORMA COMO SUS EMPLEADOS ATIENDEN A LOS CLIENTES

Una buena estrategia es utilizar la metodología del cliente incógnito (una persona que se hace pasar por un cliente y registra la forma como lo atendieron); esa sería una excelente idea para las empresas que tienen un sistema de servicio telefónico en el que, para hablar con la persona que nos puede resolver el problema, tuvimos que hablar antes con 4 personas y gastar más de cinco minutos de tiempo de celular ¿no cree? Un servicio se ve afectado cuando el cliente percibe apatía, rigidez o cuando tiene que ir de un lado a otro.

Y recuerde que lo que vaya a hacer, debe hacerlo ya. El éxito depende de la implementación inmediata y de mantenerse enfocado.

¿QUÉ ODIAN LOS CLIENTES?

¿Le interesa saber qué odian los clientes? Aquí hay algunas cosas interesantes:

- Encontrar empleados que están comiendo.
- Que le digan "sólo un minutito" (todos los minutos tienen la misma duración).
- Tener que repetir las cosas más de una vez porque no se concentran.
- Que le fallen en el plazo de entrega.
- Que cada empleado lo salude pero, cuando usted busca a uno para consultarle algo, no lo encuentra.
- Ser seguido en una tienda para vigilarlo (mejor instale cámaras).
- Que habiendo diez cajas o receptores en el Banco, no estén abiertas.
- La discriminación de género que todavía persiste cuando una mujer busca algo de ferretería o de repuestos para vehículo.
- Un empleado que no ve a los ojos del cliente o que responde a la ligera.
- Que, cuando uno llame a una empresa, le responda una operadora automática que incluso, cuando usted está reclamando porque la empresa incumplió con algo, le pasa un anuncio de "su buen servicio" durante los tres minutos que usted tolera antes de colgar.
- Mercadería rota o sucia en los anaqueles.
- Llamadas inoportunas (una vez, después de varias llamadas del vendedor, finalmente había decidido ir a uno de esos eventos en donde lo que quieren es venderle tiempo compartido en un hotel; pero, cuando me llamaron justo a la hora en que estaba haciendo una siesta un sábado por la tarde, nuevamente decidí no asistir).
- Que le digan su nombre en diminutivo (muchas veces por quedar bien, el empleado suele decirle, por ejemplo, Doña Carmencita).
- Falta de papel higiénico o jabón en el baño de un centro comercial o restaurante.
- Problemas en la conexión de la máquina por donde se pasan las tarjetas de crédito o débito.
- Que le cobren las bolsas de supermercado o que no haya quién empaque.
- Falta de parqueo o parqueo inseguro.

- Que el negocio se abra después de la hora en que se supone que se abre o que se cierre antes.
- Agentes de seguridad que le registran la bolsa o el maletín.
- Empleados que se creen más listos que usted.
- Que cuando usted quiere quejarse por un mal servicio, no lo atiendan enseguida.
- Que le digan que un producto fue descontinuado cuando usted sabe perfectamente que se lo dicen porque no lo tienen en existencia.
- Que le digan que se quedaron sin facturas; que lo van a llamar para que usted regrese por la suya (de hecho, nunca llaman).
- Que, para disminuir su enojo, lo traten exageradamente bien.
- Que le digan "no tenemos esa política".

SI QUIERE RETENER A SUS CLIENTES, EVITE QUE SUCEDA ESTO.

Comenzar un negocio requiere iniciativa pero, dentro del ciclo del emprendimiento, es una tarea relativamente fácil. Lo más difícil es lograr que ésta crezca; por ello, se deben conocer las necesidades del cliente y buscar estrategias para que estos regresen con frecuencia y gasten más cada vez. A esto se debe, precisamente, el crecimiento que tuvo esta pizzería.

De un Armario a una Cadena de Tiendas

El fundador de Papa John's, John Schnatter, se dio cuenta de que a las cadenas nacionales de pizza les faltaba algo: una pizza tradicional y de calidad superior entregada en la puerta del cliente.

En 1984, "Papa" John Schnatter transformó un armario de artículos de limpieza que estaba en el fondo de la taberna de su padre, vendió un carro Camaro de 1972, compró equipo usado por un valor de US$1600 y comenzó a vender sus pizzas a los clientes de la taberna. A los clientes les gustó tanto la pizza, que John pudo expandirse y ocupar el espacio contiguo, y finalmente abrir el primer restaurante, Papa John's, en 1985.

Hoy, Papa John's cuenta con más de 3000 restaurantes en los Estados Unidos y 273 en el mercado internacional y mantiene su compromiso de hacer una pizza tradicional y de calidad superior.

Dice el propio John Schnatter;

"Desde pequeño, tuve modelos de roles en mi vida que me inculcaron la importancia de una ética laboral fuerte y siempre concentrarme en lo que mejor hago." Crecí mirando con admiración cómo mi padre y mi abuelo, manejaron su negocio con gran determinación. Sin importar cuánto luchaban, nunca se rendían, y eso me enseñó mucho sobre los negocios y la vida.

Preguntas de reflexión....

1. ¿En qué se diferenció la empresa fundada por Schnatter?

_____

_____

_____

2. ¿Qué le permitió atraer y retener a sus clientes y, por lo tanto, crecer?

_____

_____

_____

CASO No. 2

¿Alguna vez se le ocurrió que podía obtener ropa nueva a cambio de su ropa usada? En esto radica, precisamente, el éxito de la tienda Mango.

No hay límites para Fidelizar a los Clientes: El Caso de las Tiendas Mango for Mango

Mediante la estrategia "Mango for Mango", Mango desarrolló un muy osado programa de fidelización de clientes que pretende romper con todo lo establecido al permitir que los consumidores devuelvan la ropa que adquirieron un año atrás, compensándolos con un 20% de su valor que pueden invertir en la compra de prendas de la temporada.

La osada estrategia, que tiene su propio portal en internet y se promociona además por YouTube, es obra de la agencia Villar-Rosàs y logró, en pocos meses, fidelizar a 40.000 clientes estimando que, en siete meses, la cifra se elevará a medio millón. Además, el programa dona un 1% de las compras a proyectos solidarios de la Fundación Vicente Ferrer.

El Director Creativo de Villar-Rosàs, asegura que es un programa de fidelización radicalmente diferente a los habituales y que aporta al cliente un doble beneficio: facilitar el cambio de vestuario y revalorizar todas las prendas además de contribuir con un proyecto solidario.

Preguntas de reflexión....

1. ¿Qué estrategia podría usted implementar para atraer nuevos clientes?

_____

_____

_____

2. ¿Qué estrategia podría usted implementar para fidelizar a sus clientes?

_____

_____

_____

 **Herramienta No.1**

El Análisis FODA es ampliamente utilizado cuando se quiere mejorar. El análisis consiste en determinar los factores internos (fortalezas y debilidades) y los externos (oportunidades y amenazas) para diseñar estrategias de mejora.

Foda personal: Para atraer y retener a mis clientes	
Mi principal fortaleza es:	Mi principal debilidad es:
La puedo mantener si...	Puedo superarla mediante:
Mi mayor oportunidad está en...	Mi mayor amenaza está en...
La puedo aprovechar si...	Puedo prevenirla mediante...

 **Herramienta No.2**

Un análisis de mercado no tiene que ser un proceso tan complicado. Usted puede encuestar posibles clientes antes de lanzar un producto o servicio o de modificarlos. Muestre el producto o servicio y vea qué le responden.

Definitivamente lo compraría

Probablemente lo compraría

Puede/No puede ser que lo compre

Probablemente no lo compraría

Definitivamente no lo compraría

Herramienta No.3

Hacer "Marketing" implica diseñar estrategias para mejorar el posicionamiento de un producto o servicio mediante la creación, captura y sostenimiento de un valor; en esta herramienta se detallan los aspectos que es necesario tomar en cuenta.

Esquema del Proceso de Marketing

Clientes	Compañia	Competidores	Colaboradores	Contexto

1

Segmento del mercado	Selección del mercado objetivo	Posicionamiento de productos y servicios

2

Producto y servicio	Punto de partida y canales	Promoción

3

Precio

Adquisición de clientes → Retención de clientes

Beneficios

1. Crear valor
2. Capturar valor
3. Sostener valor

Herramienta No.4

Para poder crecer, no basta con saber por qué un cliente nos deja sino por qué logramos retenerlo.

El carrito....
¿Qué hace que un cliente compre .... en un lugar (supermercado)?

XXX   Muy importante

XX   Menos importante

X   Poco importante

¿Por qué compro en un determinado lugar? Supermercado	X	XX	XXX
1. Entrega de muestra o degustación a los clientes			
2. Promociones de cupones (descuentos)			
3. Calidad general de los productos			
4. Paquetes de precio (ejemplo 2X1, si lleva 3 la cuarta es gratis...)			
5. Regalos promocionales (en la compra de A recibe B)			
6. Rotación de los productos (cambios en marcas)			
7. Suficiente stock de los productos			
8. Ubicación			
9. Facilidad de parqueo			
10. Instalaciones amplias			

Realice una encuesta para responder ¿Qué hace que usted vaya a un restaurante?

"¿Por qué como en un determinado lugar? Restaurante	X	XX	XXX
1.			
2.			
3.			
4.			
5.			
6.			
7.			
8.			
9.			
10.			

 **Herramienta No.5**

Nivel de satisfacción = Rendimiento Percibido - Expectativas

Para calcular el nivel de satisfacción debe obtener la información mediante encuestas asignándole un valor a los resultados obtenidos.

Rendimiento percibido:

- Excelente = 10
- Bueno = 7
- Regular = 5
- Malo = 3

Expectativas:

- Expectativas Elevadas = 3
- Expectativas Moderadas = 2
- Expectativas Bajas = 1

Nivel de satisfacción:

- Complacido: entre 8 y 10
- Satisfecho: entre 5 y 7
- Insatisfecho: igual o menor a 4

Finalmente, se aplica la fórmula.

Por ejemplo, si en la investigación de mercado resultó que el rendimiento se percibe como bueno (7 puntos) pero que las expectativas recibieron un 3 (elevadas), el resultado de satisfacción es el siguiente:

7 - 3 = 4

¿Resultado? El cliente está INSATISFECHO

Herramienta No.6

¿Cómo reducir la brecha entre las expectativas del cliente y el rendimiento percibido? Aquí se presenta un esquema que le permitirá realizar ese análisis y, por lo tanto, diseñar estrategias que le permitan fidelizar a sus clientes.

El modelo SERVQUAL fundamenta la calidad en la satisfacción de las expectativas del cliente que pueden ser de cinco tipos. El objetivo es que no existan diferencias entre las expectativas y el servicio, es decir, que el GAP sea cero o positivo (cuando se superan las expectativas).

Brecha o Gap 1	Diferencia entre las expectativas de consumidor y la percepción de la dirección; supone, por lo tanto, un estudio profundo de las necesidades y expectativas del consumidor.
Brecha o Gap 2	Diferencia entre la percepción que la dirección tiene de las expectativas y las especificaciones de calidad del servicio; la dirección sabe qué quiere el cliente pero puede tener problemas para desarrollar un sistema que lo proporcione.
Brecha o Gap 3	Diferencia entre las especificaciones de calidad del servicio y la realización material de ese servicio; las especificaciones de calidad son adecuadas pero no se cumplen.
Brecha o Gap 4	Diferencia entre la prestación del servicio y las comunicaciones externas; la empresa promete más de lo que puede ofrecer, y por tanto las expectativas crecen sin que crezca la posibilidad de satisfacerlas.
Brecha o Gap 5	Diferencia entre el servicio esperado y el percibido; crece proporcionalmente al crecimiento de las otras cuatro brechas.

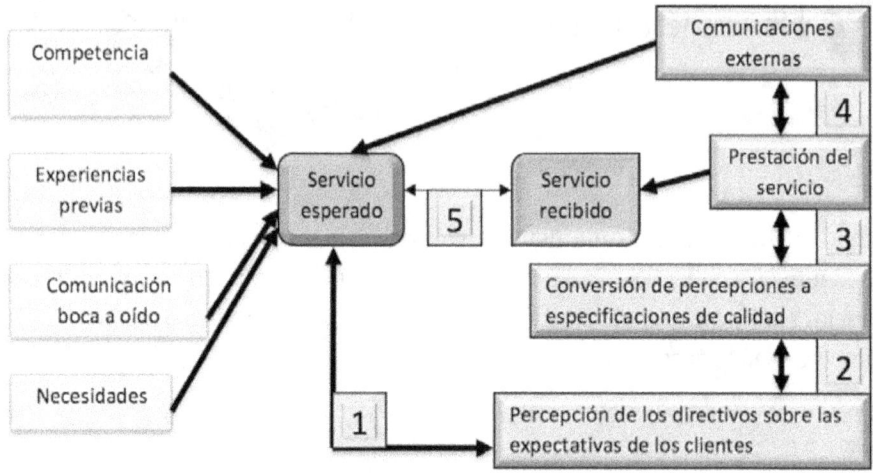

¿Cómo utilizar los resultados del análisis?

Alinear la estrategia de servicio cerrando las brechas que existen entre lo que creemos que el cliente quiere, lo que le estamos dando y lo que el cliente realmente quiere recibir. Aplicando encuestas constantes y registrando las respuestas en un programa estadístico es posible mantenerse informado acerca de la calidad del servicio que se está dando.

Para cerrar la brecha 1

Enterarse de que es lo que esperan los clientes:

- Comprender las expectativas de los clientes a través de investigación, análisis de quejas, y grupos focales de clientes.
- Incrementar interacciones directas entre gerentes y clientes para mejorar la comprensión.
- Mejorar comunicación la ascendente, desde el personal en contacto con los clientes.

Para cerrar la brecha 2

- Establecer metas claras para un servicio de calidad que ofrezca un reto: ser realista y explicitar las metas para satisfacer las expectativas de los clientes.
- Aclarar a los empleados las tareas de trabajo que tienen más impacto sobre la calidad y que deben recibir máxima prioridad.
- Medir el desempeño y dar retroalimentación de forma regular.

Para cerrar la brecha 3

- Hacer que los empleados sean los ideales para el trabajo, mediante una selección conforme a las necesidades de las tareas a realizar.
- Proporcionar capacitación constante.
- Involucrar a los empleados en el establecimiento de las metas.

Para cerrar la brecha 4

- Solicitar información e ideas del personal de operaciones al crear programas publicitarios.
- Mostrar empleados reales en publicidad.
- Permitir que los proveedores de servicios vean la publicidad antes que los clientes.

¡Si seguimos todos estos pasos podemos asegurarnos que automáticamente estaremos minimizando la brecha!

Zona de inspiración

Escriba sus ideas novedosas generadas por el aprendizaje que le ayudarán en el logro de sus sueños.

Zona de inspiración

Escriba sus ideas novedosas generadas por el aprendizaje que le ayudarán en el logro de sus sueños.

 # Bibliografía

- Buzzell, Robert. Nota sobre la Segmentación del Mercado y la Segmentación. Harvard Business School. 9-503-S72. Febrero 1987.

- Dolan, Robert. Analizando las Preferencias del Consumidor. Harvard Business School. 9-503-S27. Diciembre 2001.

- García Gomez, B. y Muñoz Sánchez, M. Las estrategias de fidelización de clientes: el caso de las grandes superficies de venta al detalle. Fecha de consulta: 12 de octubre de 2011. En línea: http://www.jcyl.es/jcyl/cee/dgeae/congresos_ecoreg/CERCL/1021.PDF

- Holt, Douglas. Marcas y el Manejo de la Marca. Harvard Business School. 503-S80. Marzo 2003

- Krotz, Joana. Nueve consejos para atraer nuevos clientes. Fecha de consulta: 16 de octubre de20011. En línea: http://guiadelemprendedor.blogspot.com/2008/12/nueve-consejos-para-atraer-nuevos.html

 # Para profundizar

Atendiendo a su interés de autodesarrollo, encontrará bibliografía del tema desarrollado en el curso. Las referencias pueden ser de utilidad en su trabajo.

- Bloom, Robert (2010) **Los Nuevos Expertos.** Cómo Ganarnos a los Poderosos Clientes de hoy en día en Cuatro Momentos Decisivos.

- Charan, Ram (2007) **Lo Que el Cliente Quiere que Usted Sepa**.

- Leoncini, Patrick (2010) **AL Desnudo.** Una Fábula Comercial. Sobre los tres Temores que Minan la Lealtad del Cliente.

- Wise, Tom. (1994). **Qué hacer realmente para atraer, deleitar y retener clientes:** el gurú de la calidad total del servicio relata sus experiencias y anticipa el futuro. Argentina. Editorial Granica.

 # Glosario

Aseguramiento de la Calidad.

Sistema integrado de actividades administrativas entre las cuales se incluye la planificación, la implementación, la evaluación, la información y el mejoramiento de la calidad para asegurar que un proceso, producto o servicio sea del tipo y calidad necesaria y esperada por el cliente.

Calidad.

Aptitud de Uso. Conjunto de características de un producto que satisfacen las necesidades de los clientes y, en consecuencia, hacen satisfactorio al producto.

Control de Calidad.

Sistema de actividades técnicas que mide los atributos y rendimiento de un proceso, producto o servicio con estándares definidos para verificar que ellos cumplan los requisitos establecidos.

CRM (Customer Relationship Management).

Gestión de las Relaciones con el Cliente. Filosofía empresarial que orienta las estrategias de las organizaciones a reforzar y mantener las relaciones con sus clientes más rentables, haciendo uso de los más diversos canales y tecnologías disponibles.

Nicho de mercado.

Segmento de mercado pequeño que se encuentra bajo la vista de una compañía, ya que está libre de competidores y ofrece potencial de ventas significativo.

Programas de Fidelización.

Desarrollos informáticos destinados a retener a la clientela y aumentar la relación con la misma. En algunos casos, lo anterior se logra proporcionando la obtención de puntos por un sitio web, responder encuestas o comprar en comercios.

Servicio al cliente.

Conjunto de acciones para asegurarse que los clientes queden satisfechos y sigan comprando los productos o servicios de una organización.

Evaluación
(Conocimiento)

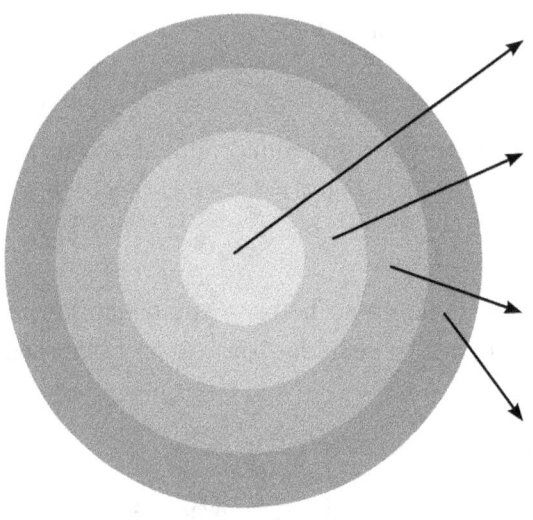

68% se pierden por el mal servicio que han recibido.

14% se pierden porque estan insatisfechos con el producto y el servicio.

9% se pierden porque se pasan con la competencia.

5% se pierden porque buscan otras alternativas.

Piense cuantas veces usted habrá oído...

- No podemos hacer nada, es política de la empresa
- Fíjese que no tenemos, se nos acaba de terminar
- Usted tiene razón, pero no podemos ayudarle
- Su llamada es muy importante, pero espere...estamos ocupados
- Haré lo más que pueda

¿Qué otras frases logran perder clientes? Anote unos ejemplos. ¿Cómo se podrían cambiar?

Evaluación (Conductas)

Una parte del secreto del éxito del Hotel VierJanreszeiten de Hamburgo es el hecho de ser considerado excelente en calidad de servicio. Su herramienta: una base de datos, elaborada con las anotaciones de todo el personal del hotel en donde se almacenan las preferencias, gustos, manías y cualquier otra peculiaridad que manifieste un cliente. Por ejemplo, a la señora X le gustan las orquídeas; a la señora Z le encanta que le sirven una taza de café en su habitación como primera actividad en la mañana, el Señor Y odia las sábanas blancas. Antes que un huésped llegue al hotel, el personal se encarga de consultar su ficha y arreglarlo todo para satisfacer sus gustos.

Se podría establecer que el Hotel VierJanreszeiten de Hamburgo busca dar un servicio excepcional.

Satisfacer

Superar

Sorprender

¿Qué hace para lograrlo?

Anotaciones